슬쩍 남기는 내 흔적

슬쩍 남기는 내 흔적

이재관 시집

계간문예

| 시인의 말 |

슬쩍 남기는 내 흔적

수천 년 끄떡없을 흔적이 필요할까?
지구라는 행성의 마을에 건물에 책에
이름을 새겨놓고 영원하길 바라는가?

흔적을 위해 치열하게 애쓰는 자여
옛날, 우리 물려받은 교실 책상엔
잉크자국, 낙서, 미완의 이모티콘,
희미할수록 신비로워
어렵게 찾아 슬슬 쓰다듬는 재미
슬쩍 더해보는 재미가 좋았지

너무 선명하게 깊게 책상을 긁어 파면
선생님에게 야단 맞기 십상
파라오의 미라가 너무 많다

그저 열심히 지나간 흔적을 위해
냇물은 퐁당퐁당 무늬를 만들고
나는 온기의 돌담장 조약돌을 만져본다.

내 하루는 낯설고 신비로운 날갯짓,
무엇을 써나간 흔적과 지우개 흔적까지
남의 흔적을 만나면 그저 반가워할 뿐
거기에 내 흔적을 슬쩍 더할 때도 있고
무슨 사연 뉘 것이든 반가울 뿐이다.

2018년 2월에

이 재 관

■ 목차

시인의 말 • 4

1부
믿는다 고로 존재한다

천국의 흔적 • 14
패스워드Password • 15
인터렉션interaction • 16
모자 • 18
클로버 • 19
수채화 • 20
누가 • 21
시간의 품질 • 22
다가서면 • 23
못 보던 것 • 24
석류 • 25
꽃병 • 26
해변 1 • 27
토마토 심기 • 28
뒷걸음으로 • 29
동행 • 30

시오리 • 31
오십 보 백보는 아닙니다 • 32
사진 좀 찍어줄래 • 34
코스모스 핀 하늘 아래 • 35
낙엽 • 36
데이지꽃 들판 학교 • 38
영결시 –이재욱 목사 형님 • 39
빵 • 40
밥통아 • 42
우정 • 43
삼복三伏 • 44
비 오는 날의 화두 • 45
상쾌한 소음 • 46
설명할 길 없어 • 47
호주머니 속의 크리스마스 • 48
잘 우는 집 • 49

2부

궁금하다 고로 존재한다

입맞춤 • 52
남산 위에 저 소나무 • 53
짝퉁 • 54
누이야 • 56
힘든 겨울 • 57
도시의 야생 고양이 • 58
6차 핵실험 성공이란다 • 60
누트카 서사시 • 62
겨울 갈대 • 66
궁금하다 • 69
자유의 셀카 • 70
방랑자 1 • 71
방랑자 2 • 72
송년회 • 73
촛불 • 74
조전 손전祖傳 孫傳 • 76

빗방울 통계학 • 77
이베리아 기행 • 78
임진강 • 80
도시의 폭포 • 82
모기의 행군기 • 83
비상계엄령 • 84
자디잔 정은 많다 • 85
익명 놀이 • 86
계율 • 87
싱거운 사람, 브라운 백? • 88

3부
사는 재미

꼭 그렇진 않을 거야 • 90
밸런타인 데이 • 91
샘!(선생님) • 92
이름 • 93
글라디올러스 • 94
자기그릇 • 95
온실 • 96
독백 • 97
봉선화 • 98
꽃샘바람 • 99
거미줄 • 100
해변 2 • 101
해변 3 • 102
도배 • 103
탁족濯足 • 104
전시회가 열리는 카페 • 105
폭염暴炎 • 106
그게 무섭다 • 107

귀뚜라미 • 108
새싹 잔치 • 110
박하사탕 • 111
[패러디 시] 나와 나타샤와 흰 냉장고 • 112
나오지 마 • 114
색약 • 115
진화론 • 116
유리성 공간이동 • 118
이끼 • 120
눈은 녹을 때도 아름답다 • 121
빨랫줄지기 • 122
공터의 추억 • 124
산막이길 • 126
시인 자술서 • 127
거친 봄비 • 128
그리움 • 129
겨울잠 • 130
맘마미아 • 131

제1부

믿는다 고로 존재한다

천국의 흔적

자연수 전체의 집합과 짝수 전체의 집합,
둘 다 무한대이니
부분도 전체만큼 풍성할 수 있으리다
그리하여 이 땅에도
천국의 흔적은 많이 있으리다
하늘만큼 많이 있으리다

아무것도 아냐 하며
꽃다발을 건네주는 사람이 있다면

처음 만난 사람들이 등촛대 켜고
눈빛 와인 한 잔을 나눈 다음,
안녕! 뒷걸음으로 가벼이
멀어지는 여름 밤이라면

언어의 알곡을 거두는 들판
깊어가는 가을의 향기 속을
흰 당나귀가 몇 바퀴째
낭만의 발걸음으로 달리고 있다면

패스워드 Password

나를 안다고 하셨나요?
내 눈동자가 무슨 색인지 맞히시면
마당에 들어오세요
황매화 흐드러지고 바람 시원합니다

잠시 인사말 나눈 다음
체온과 발자국 소리를 알아맞히시면
마음의 거실로 올라오세요

우리의 지문과 수정체 무늬로
마지막 패스워드를 함께 수놓아요

사실은 나도
오, 고귀한 밀실에는
들어가 보지 못했습니다
근처 담장과 댓돌이 너무 낯익어서
오도 가도 못하는 길 잃은 양羊

나 또한 집주인은 아니올시다

인터렉션 interaction

하루에도 수백 통이 오갑니다
귀로 눈으로 아둔한 머리로

나뭇잎 스치는 소리,
강아지 꼬리 살랑거림,
꽃잎에 붙은 물방울 모양,
설거지할 그릇들의 데모,
유언비어 뉴스와 톡톡,
가파른 산책로의 호흡,
전화 음성의 차이,

아, 바쁩니다
천배 만배 바쁘실 천사여
답장에 대한 답장 쓰기가
얼마나 힘드는지
미묘한 차이들이 우리에게
무엇을 뜻하는지

일일이 부치지 못해도
숨소리 바람소리 강아지 꼬리
냄비 뚜껑 귀뚜라미 물방울…
답장은 답장일 뿐, 헤아리소서

모자

아버지 돌아가신 나이,
퍼뜩 생각이 나서
나도 비탈길에선 한껏 몸을 낮춘다
걸핏하면 머리를 숙인다
중절모를 집에 걸어 놓고
오가며 빙그레,
눈사람 모자 좋아하는 것도
똑같아 빙그레,
똑같은 베레모를 찾기는 어렵지만
나 어느 곳에 있든지 늘 맘이 편하다

클로버

안 보이게 숨어 살면 야생초
가까이 보이면 잡초
차이는 그뿐
소망과 행운은 한 장 차이
클로버는 자리를 가늠하며
자기 잎을 세며
봄부터 가을까지 살았습니다

수채화

화가의 붓끝이 잠시 멈춰
살짝 번진 물감 자국

쉼표 같기도 하고
글자 같기도 하고
기도하는 손 같기도 하고

분명치 않아 나도 멈칫
그림자 드리워
번지게 하옵니다

누가

누가 쌓았는지 모르는 돌담장
누가 쓸었는지 모르는 골목길
누가 심었는지 모르는 동백,

누가 기다리나
서귀포 변두리 동백군락지
기를 쓰고 찾아갔더니

조금은 황폐화된 갈색의 마당
무수한 낙화의 빈 뜰
고향의 원본, 1부를 복사했다
대조해볼 데가 많을 것 같아서

누가 보든 안 보든
피고 지고 또 피어나는
바로 그 누가

오, 내 임은
감정 표현에 서투르셨다네

시간의 품질

파랑 노랑 빨강 젤리들이
젤리빈 통에 가득한데
무료 서비스입니다

파랑 젤리 3개면
성난 얼굴도 웃는 얼굴로 바뀌고
노랑 젤리 10개면
긴 버스 여행에서 가장 반가운
10분 간 휴게소 정차!

정말 배가 고플 땐
한 식경食頃도 길어요
빨강 젤리 1개로는
풍성한 파티도 할 수 있어요

그리하여 철이 지나는구나, 임이여
주신 꽃다발이 시들어가는 지금
나는 젤리빈 통 앞에
다시 자세를 고치며 서 있습니다

다가서면

다가서면, 힘들여 다가서면
산은 사라지고
손에 잡히는 건 마른 풀

다가서면, 힘들여 다가서면
바다는 사라지고
보이는 건 수평선

다가서면, 힘들여 다가서면
임의 집 울타리
히아신스 향기

못 보던 것

멀리 나지막한 국사봉이
창문으로 늘 보였다
저긴 무슨 꽃이 피어 있을까

바라만 보던 산비탈을
올라가며 보니
우리 동네와 똑같은 풀잎

정상에 올라 멀리 보니
눈곱만 한 우리집!
내가 늘 내다보는 창문!

석류

매일 커지는 몸,
밤길 떠들썩하지 않게

하늘엔
편히 누워 미끄러지는 반달
커진다

땅엔 알알이 영근
자잘한 눈부심

배낭의 반도 못 채웠으나
시다고 찡그리지 않으신다면
농사 한 번 더 하고 싶어요

꽃병

무슨 꽃을 담아도 어울리고
꽃이 없어도
단꿈으로 재워주는 사람,

사진은 위에 초점을 두라며
스스로 낮추는 탤런트,

오, 아름다운 보물단지,
빈 속을 보여 주면서
몰래 갈무리하는 사람,

손을 잡거나 두 손 모으며
하늘 먼 데를 보는 사람,

해변 1

큰 갯바위에는
수십 개의 작은 물웅덩이
아래는
하나의 아주 큰 웅덩이

아래쪽은 지칠 줄 모르는
철썩 처얼썩
흔들며 퍼담아주고

위쪽은 언제나 충만하여
쉴 새 없이 비우고

아래쪽을 맡으신 분이시어,
우리는 위쪽에서
감사하며
작은 바다이끼 소라 조개
끝없는 이야기를
예쁘게 키우는 일 하겠습니다

토마토 심기

작은 터전에 화초 심듯
지금은 작은 사랑을 심자
아름드리나무는 나중 일

지금 필요한 것은
버팀목, 물, 햇볕, 손길,
꿈꾸는 시간도 잊지 마세

흙밭에서 꾸는 꿈들이
너무 벅차올라
과육과 과즙이 꽉 차고
표피 반들거릴 때
소쿠리 듬뿍 임에게 바치리

뒷걸음으로

뒷걸음으로 산을 오른다
몸의 앞쪽은
탁 트인 파노라마!
구불구불한 강변, 기찻길,
다 보인다

몸의 뒤쪽은 가야 할 높은 곳!
높다는 말은 아직 멀었다는 말
궁금하여 머리를 깊이 숙이고
가랑이 사이로 미래를 본다

덤으로 즐기는 건
야생화 아기 손짓, 흙 향기,
아기작 아기작
뒤통수 세월이 천천히 간다

동행

바쁘면 네가 차선을 바꾸라고
앞에서 아장아장 흘끔흘끔
뒤를 보는 물새,
빨리 가면 뭐 하니?

까마득한 바다 저편은
붙잡을 수 없는 것들이 산다
수평선, 구름, 가버린 날, …
나 서 있는 여기도
수평선의 눈으로 보면
또한 수평선,
똑 부러진 경계가 없는
개집합(open set)의 끝점이다

퍼지게 혼자 앉을 자리는 아니지
날 수 있는 힘과 담을 가슴,
남은 날을 하나 둘 붙잡아
몰래 담아 넣는 재미,

날 수 있는 힘은 감추고
아장아장 같이 가는 재미

시오리

오리 혹은 십리, 좋아요
푸드덕 가벼운 신발 신고
그대 목덜미 뺨
스친 바람이
이 몸에도 닿을 수 있으리

십오 리도 좋아요
너무 멀리 가지만 않으신다면
발꿈치 올리고 목을 빼지 않아도
바라보기 딱 좋은 63빌딩
한강 둔치 그 어디쯤
더 이상 길 잃을 리 없어
나는 나무가 될 거외다

잎과 꽃의 사람들이 몰려와
작은 숲이 되고
아가雅歌의 정원이 되는 거기
내 몸에도 가지들이 돋아나
생각도 사랑도 굵게 굵게
시오리 온기로 자라날 겁니다

오십 보 백 보는 아닙니다

만나면 내 소원부터 빌리라 했더니
천사들이 달아났다
안젤로니아, 천사의 얼굴을 심어놓은
정원박람회장에 찾아갔다

옷깃 여미며
촘촘히 끼어 사시는구려

동백군락지에서도
수줍은 옷고름들 너무 많아
말도 못 꺼냈네요
촘촘히 끼어 어찌, 멀리서 어찌,
점 찍고 말을 걸겠어요

인물 많은 나라!
모두 석학이요, 용사요, 천사요,
그러나 내겐 멀어요
오십 보 백 보는 아닙니다

우리가 마주한 거리,
정직한 한 걸음의 거리
비탈과 험한 바위틈 겪어내고
오직 한 분 앞에 땀 흘리며 서리라
그의 하루가 다 보이는
가까운 거리에서
동틀 때 살며시 기도하는 표정과
노을 적신 옷깃 펄럭임을 보리라

꽃의 하루는 꽃의 꿈,
하마 날마다 이루어지는 꿈을
옆에서 함께 꾸어보리로다

사진 좀 찍어줄래

사진 좀 찍어줄래 내 누이야
몇 걸음 더 뒤로 가서
셔터를 눌러

너무 가까우면 거울 속의 나,
얼굴이 다가 아니지

너무 멀면
표정도 안 보이는 나,
눈곱만큼 생각하니?

나는 한가운데 버틸 거야
나에게 주목해주면 나도

머리 위로 살짝 보이는
그 하늘만큼 사랑을 하리

굳센 다리 근처
그 땅만큼 사랑을 하리

코스모스 핀 하늘 아래

원 사이즈의 명품 하늘,
떠도는 별과 새들과 코스모스
철학자의 펄럭이는 낡은 노트
어머니의 평생 소원,

쉴 새 없이 손을 흔들더구나
도열하여 별들을 불러내고
닿지 않아도 기도 하더구나
함께 밤낮 춤을 추는구나

하늘의 짝퉁은 허공虛空,
한숨짓는 삭풍 소리
떠들썩한 나루터 촛불놀이
발각될 알리바이가 너무 많다.

계절 짧다고 부끄러워 않으니
꽃잎 떨어져 가슴 보이는 날
새들 낭랑히 지저귀는 날
나목裸木 곁에서 약속을 하자
변치 않을 약속을

낙엽

하늘을 가렸던 손바닥들이 뒤통수 긁으며
땅에 떨어져 겹겹이 가린다
나뭇잎들이 가리는 것은
하늘 아니면 땅,
친구 앞도 가려줄 게 있는 법인데
그 마음이 크고 겸손하고 진실되다

산비탈은 탄력 좋은 저울
추적추적 쌓이는 대로 무게를 달고 있다
그것은 한 해의 슬픔을 햇빛에 말려
순수한 한 해의 감동으로 합산해보는 것

손으로 입을 가리며
웃은 때도 울은 때도 있었지
내 감동을 모두 합치면 몇 그램일까
마른 잎 한아름 안아보니 꽤 가볍지만
군살 빠진 연말 캘린더 앞에서
떠돌던 한 해가 내 손을 잡아준다

낙엽 위에 누워
온기溫氣 한 점 더해주자
만추晩秋엔 하늘과 땅도 다가서는지
별들이 빈 가지 사이로 총총이 드러났다

데이지꽃 들판 학교

4월과 다른 5월,
5월과 다른 6월,
들판은
자라는 만큼 일어선다
놀라서 자라고 자라서 놀란다

꾹 눌렀다 놓으면 손톱에 화색 돌듯
꾹 감았다 눈 뜨면
데이지(daisy) 색
하늘에 비칠 때

맹랑한 눈망울들이 들판 가득
어른스레 몰입하여 책을 읽는다
나도 이 학교에 다녀
자라는 만큼 일어서고 싶다

영결시

— 이재욱 목사 형님

사람의 눈은 꽃밭,
언제 심었나 페튜니아 한 송이
부지런한 진홍빛 선명하다

사람의 눈은 푸른 바다,
언제 띄웠나 안갯속의 돛단배
넓고 성결한 흰빛이
눈 감으면 더 잘 보인다 하니

은혜의 순풍順風 다시 불면
사랑의 신랑 하얀 돛이여
손에 잡을 만큼 가까이 와
눈부실 때 있으리라

영원한 침실 커튼
살며시 흔들며 다가오는
꽃향기 자락까지 자세히 보여
화가 목사 형님아 참 기쁘리라

빵

일부러 남긴 단팥빵 반쪽을
콩알만큼씩 베어 먹으며
돌아오는 하학길
선생님의 향기가 따라왔다
도톰한 손으로 집어 주신
빵빵 빵야

미국 서부의 한 호텔에서
빵모자의 주방장이 웃으며 건네준
맷방석만 한 무료 핫케이크
비에 젖은 내 급한 여정도
대륙만큼 부풀었다
빵빵 빵야

열한 식구 상차림 위해
늘 바쁘셨던 어머니
젖은 손
잠시 잊을 수도 있었네
여행길이나 집에서나

베어 물면 목마르지
목말라 기도할 줄 안다면
평생 도톰하겠네 나의
빵빵 빵야

밥통아

밖은 두 달째 찜통 더위,
실내는 시원한 냉방,
왠지 밥만은 뜨끈해야 한다니
기막히는 모순 속에서
밥솥은 예쁘게 딸각거리고
묵묵히 압력을 견디어낸다

오직 뜨거운 것만 품고 살아
성질이 급하다
때론 김 새고 떡칠도 하지만
순진하긴, 속이 다 보인다
삼복 중에도 담요를 덮는
대단한 사명감이여

육신의 밥이든 영혼의 밥이든
오죽하면 찬밥일까
밥식구 많은 집의 큰 그릇
밥통아
또 밥때인가 슬그머니 사랑옵다

우정

낯선 대도시에서 길을 헤맬 때
미소의 깜박등 켜고 손짓까지 하며
끝까지 안내해준 사람,
그가 사는 곳이 필라델피아였네

외국에서 타던 중고차를 팔지 못해
안절부절 못했는데 막판에 기적처럼
수표를 써준 사람, 이름은
신기하게도 '프렌드' 씨!
친구들의 이름을 들어 문안하라†

이젠 나도 지리에 밝게 되었는데
길 물어보는 사람이 없다
주고받아야만 하는 건 아니겠지
우정은 코스, 심판, 메달도 없이
함께 가는 경주
영원히 마주 보는 한 쌍의 바위
험산의 산양山羊은 멀리 보기를 좋아하고
청정 샘물은
사람 귀한 곳에서 연속 솟아난다

† 요한 3서 15절

삼복三伏

수억 년 낙조落照의 해는
무슨 일로 얼굴 붉어
전복, 초복, 중복, 말복, 후복,
긴 긴 5복으로 연장되었다

찌는구나
그렇다면 나도 방법을 찾아야지
살아남기 위해 벌거벗자
찬물에 밥 말고
오징어포와 고추장으로
점심 겸 저녁을 먹자

멀리 흰 구름 사이
매콤 쌉쌀한 그리움,
얼얼하게 찍고 또 찍어
천천히 오래오래 씹으면
말복과 후복의 기도가 되리라

비 오는 날의 화두 話頭

비가 좍좍 쏟아져 앞이 안 보인다
내 좁은 시야와 소견을 가리고
때론 불호령으로
광대 같은 TV놈 제발 끄라 한다

비 오는 날엔 가뭄을 생각하고
네 손으로 심은 풀 앞에선
심지 않은 풀을 생각하라는 것
툭툭, 외롭지 않게 외로움 부추겨
비는
오래된 주소록을 펼쳐보게 한다
깡마른 주소들이 단비 맞은 풀처럼
주르륵 쭉 일어섰다

바람도 빗물에 취해 윙윙거린다
좁아터진 속을 휘저어라
심지 않은 것도 열심히 챙겨라
'존재보다 말씀이 먼저'
이 명언, 어디선가 읽은 생각이 난다

상쾌한 소음

커피점 유리창에 COFFEE의 모음
'오' (O)가 둥실 떠있고
유리창을 통해 보이는 12월
마른 잎들은 가지 끝 허공에
혹은 담벼락에 달라붙어
생각하기를 중단했고
학생들은 기말시험이라 종종걸음
전부 오(O)를 치면 안 되겠지

갓 볶은 커피 알갱이를 곱게 갈며
바리스타가 상쾌한 소음을 들려준다
입을 델만큼 뜨거운 하트를 그려보며
나는 배경음악과 상쾌한 소음을
섞어서 듣는다

아니면 아니라고 엑스(X)를 쳐야지
좋은 선생님은
오(O)가 많도록 출제하시지만
세상이 어디 그러하냐

설명할 길 없어

힘껏 던졌는데 엉뚱한 빈볼,
타자打者는 아픔을 호소하고,
우~ 할 말 없어
모자를 벗고 무조건 사과한다
미안합니다
미안합니다

감정 때문이라니 그럴 리가
세상은 모르고 달려가는
깜깜한 터널
뭐라 할까,
손가락 끝의 작은 떨림,
공을 쥔 손의 진땀 한 방울 차이,
혹은 그때의 긴장과 어지러움…

시원히 설명할 길 없어
사람들은 기도를 하고
장미는
가벼운 입과 귀를 쉬게 하면서
코와 영혼의 촉감으로
아름답고 긴 장미 터널을 만든다

호주머니 속의 크리스마스

아버지 바지 주머니 속엔
내 작은 손
꼭 쥔 내 손엔
사탕 한 알,

사람들 주머니엔 휴대폰,
휴대폰 폴더에는
반짝이는 크리스마스 트리,
성탄을 축하해요

아이의 마음으로
푸드덕 날자
호주머니야 부풀어 올라라

세상 모든 게 사라질지라도
착한 아이들의 성탄절은
없어지지 않을 거라네
메리 크리스마스!

잘 우는 집

까마귀 한 마리가 나무에 와 웁니다
걸핏하면 천정에서 물이 떨어집니다

까마귀 소리와 물 떨어지는 소리
박자가 맞지 않습니다

휘날리고 쌓이고 꽁꽁 얼었다가
천천히 녹아 흘러야 순서일 텐데

보세요, 대책은 질서정연해요
많이 떨어지는 곳엔 대야를
적게 떨어지는 곳엔 세수수건을
찔끔찔끔하는 곳엔 휴지 몇 장,
그 한가운데서 기도합니다

집이 울지 않게 해주세요
천정이 울지 않게 해주세요
보일러가 낡아서 그런 것이라면
내 힘으로 쉽게 고치겠습니다

제2부

궁금하다 고로 존재한다

입맞춤

격물치지格物致知†
알아낼 때까지 쪼고 또 쪼아
입술이 닳아 없어졌다

그래도 새는
노래 식사 다 할 수 있네
문제는 입 맞춤,
얼마큼 치열해야
두 부리의 끝이 딱 만날까?

† "大學之道는 在親民 格物致知"
(사서삼경, 《대학》 1 및 2-5)

남산 위에 저 소나무

집채보다 큰 바위와 소나무가 있는
남산南山은 어디나 있소
내 마음에도 있소

높은 성벽과 성루 중턱의 바위들도
저마다 우람한 팔뚝으로
푸른 솔 몇 그루씩 휘어잡고 있소

보소, 부풀어 오른 점퍼의 한 사내가
휘적휘적 올라오고

보소, 아이 둘을 한 손에 하나씩
굳게 안은 엄마가 뒤따라 와서
호박죽을 부지런히 떠먹이더니
다독다독 닦아주고 일으키는데
녀석들 휘휘 둘러보는 눈초리

보소, 불끈 쥔 억새의 깃발들이요
꼬불꼬불한 길 타래
하나씩 풀며 오르내리다
무척이나 억세지는 팔뚝들이요
수줍어 살 수만은 없지 않은가

짝퉁

얼굴은 같은데 하는 짓은 딴판.
만국의 노동자여 하며 민족을 무시 박살 내던
소비에트, 그 짝퉁들이
이제 와서 혁명이다 민족이 제일이다 외치며
스탈린을 마구 따라가니
솔제니친도 닥터 지바고도 헷갈려
또 한바탕 울 것 같다.

그때 서민대중을 정말 신나게 해준 게 누구지?
포스터의 우아한 올드 블랙 죠, 뷰티풀 드리머,
산업공학을 시작한 벽돌공 길브레드 부부,
노동자 농민 누구나 자동차를 탈 수 있게 해준
헨리 포드의 시스템과 갑절임금 선언,

백 년도 넘은 이야기들인데 이제와서 아싸
새로운 개혁이라 그리 좋아 춤을 추는가.
여기는 짝퉁들의 동토凍土,
창가에 기웃거리는 글자들에게 따듯한 옷
입혀줘야지 낫과 몽둥이의 옷이 아니라
거짓말하지 않는 정열의 과학을 입어라.

에드워즈 데밍이 또 외친다
세기의 감옥에서 벗어나라 제발!

누이야

삭풍 서리 몰아쳐도
웃음을 잃지 않는 누이야,
강가에 앉아 손을 잡자
손이 차구나

연어들이 떼 지어 올라온다
갈대는 회귀回歸의 깃발
오대양 휘젓던 자유를
이 강산 물줄기마다
어서 주사하라고 깃발 흔든다

오상고절傲霜孤節만 사랑이냐
끝까지 버티다 영영 떠나는
독한 사랑만 사랑일 수는 없지

회귀의 사랑을 하자, 누이야
떠나면 그만인 줄 알았던
흩날리는 잎들조차 어여쁘다
베레모와 치마폭에
맑은 햇살 버무려 수북이 담아보자

힘든 겨울

노점의 옷값이 싸고 바람막이 건물도 많아
70년 전 겨울보다는 그래도 낫지만
랩뮤직 속도로 말하는 상가 점원들이 낯설다
국어를 다시 배워야 하나,

차라리 아무도 듣지 않는 구호를 외치며
도보 행진을 하는 무리가 따듯하다
돌연 온 하늘 눈발
하늘의 은총이 신비의 곡선과 곡면으로
서로 휘감아
입술에, 뺨에, 눈썹에,
천천히 스치며 녹으며 반짝이며
"눈에 눈이 들어 가" 낄낄거린다

그러고 보니 내게는 눌변訥辯의 복권 한 장,
주머니 속에 넣고 만지작대기만 하던
이 눈 다 내리고 다 녹고
시나브로 아지랑이
새싹들이 여기저기 돋을 때까지
서둘러 펴보진 않으리
그냥 만지기만 하리

도시의 야생 고양이

흰둥이 검둥이 갈색 줄박이 얼룩이
새끼들도 엄마 따라 담장을 넘어와
어느새 우리 차고에 본부를 차리고
쓰레기봉투를 뜯어 잔치 벌이고
밤엔 온 동네 째지는 울음소리
인사할 줄을 모른다
재미있어 죽겠다고 잔디에 뒹구는데
웃으면서 죽이는 킬러 본능
비둘기를 사냥하여 털이 온통 날리니

표리부동表裏不同,
야생野生의 빈 양심에 눌려
우리집 개는 포기했는지 잠만 잔다
못 들은 척 빤히 치훑는 저 얼러기
오히려 뒤집는 증오의 눈깔
웃으면서 때리는 비정규전에서
소리치기 빗자루 던지기로는 어림도 없다

할 수 없이 나도 고양이 수염을 그리고
전조등과 양쪽 깜박등 클렉스 울려댔지

이글대는 눈으로 천천히 떠나는데
또 뱃고래 불룩하다
아까운 내 잔디밭과 집을 헐어야겠다

6차 핵실험 성공이란다

[1]

하늘에 오르지 못한 이무기 놈
노란 병아리의 안광眼光과 깃털이
아슬아슬하여 차마 못 보겠네
노란 좁쌀이나 먹자 밥솥에 섞어 넣고
귀 기울이니 쏴~ 칙칙폭폭
옛정은 그렁그렁한데
밖은 싸늘한 들판, 겁나는 가을이다
하늘 향해 손바닥 펴던
겸손한 나뭇잎들도 노랗게 떨어지고
종일 달리는 우렁찬 태양까지
궤적의 일 푼도 남기지 않거늘
도대체 노란색은 시작인가 종말인가
아침 뉴스에서는
만추에 개나리 핀다고 떠들어대지만
포기한 희망의 색,
사랑방 아랫목도 냉랭하다
구구 팔팔이 소원이라고들 했나?
한 모금 넘길 때마다 하늘을 보던
새들도 서둘러 숲으로 갔다

[2]

악몽惡夢
신선한 흙냄새가 사라진
토양에선 소출이 없고
해를 채워도
오르지 못한 이무기 한 놈
아름다운 강토 도시마다
비린내 나는 비늘을 뿌린다

가로등은 황사에 덮여 빛 잃고
동해 일출 서해 노을, 빛 다하여
암호로 편지를 쓴다 하더라
만주 북간도에선 오래전부터
우린 이제부터

사랑은 ㅅ ㄹ
예배는 ㅇ ㅂ
기도는 ㄱ ㄷ
어찌 살라 하십니까, ㅈ ㅇ

누트카 서사시

1.

제임스 쿠크 선장이 상륙하자
인디언들이 둥글게 둘러싸며 합창하듯 외쳤다
"누차눌드 누트카(Nuu-chah-nulth nuutkaa)"
누차눌드 인ㅅ이여 둥글게 둘러서자란 말인데
누차눌드 부족이 누트카 부족,
누차눌드 지역이 누트카 지역이라 세상에 알려졌다.

이 이야기를 듣자 우리 두레마을 생각도 났고
왜 그들이 둥글게 둘러서자고 외쳤는지
얼마나 평화로운 곳인지 궁금했다.
비포장도로 5시간, 배 타고 2시간,
키유컷(Kyuquot) 마을에 도착하니 늦은 오후
선착장에서 바다 쪽을 바라보니 금방 알겠다.
작은 섬들이 둥글게 둘러섰다
찌를 듯 높은 산맥이 또한 둥글게 둘러섰다
높은 산맥에 둘러싸인 땅끝 마을이라면
죽음이 없고 평화만 있을 줄 알았지
한반도의 지정학적 고통을 생각하며 가서 보니,

치와트라는 청년의 장례식을 치르는 중
어머니 루시가 울먹이며 시를 낭송한다

2.

치와트야!
창가엔 나무 한 그루 살랑거리는 소리
지난 세월의 미소 짓는 소리
네 마음의 창문은 어디쯤일까
출렁이던 너의 꿈을 엿듣고 싶다
문가의 걸터앉던 자리를 두고 갔구나
방 열쇠를 어떻게든 전해주어야 했어
불쑥 아무 때나 들어올 수 있게

3.

치와트는 스무 살 되던 해 첫사랑을 알고
키만 한 연어를 잡아 고래사당에 제사하고

조각배에 올라 먼 바다로 나갔다.
혼자서 고래 가까이 다가서는 용기,
고래를 향해 창을 던지는 활력,
끌고 오지 못해도 증거가 없어도
믿어주는 명예심으로 평생을 산다
신성한 싸움은 피할 수 없지

오, 치와트 청년은 돌아오지 못했으나
"히슈크 이시 자왁"이라 하니
번역하면, 만물일귀萬物一歸라!

4.

사람 마음은 삐걱거리는 통나무집 같아
곳곳에 장승을 세워 지켜보지만
마음 속에도 자리를 만들어야 한다네
바다와 섬들의 자리, 고래의 자리,
또한 성년의 너와 연인의 자리,
"누차눌드 누트카"

마음을 열자
북태평양 키유컷 앞바다에
쨍그랑 달빛이 떨어져 무수히 반짝인다.

※ 누트카(Nootka)는 캐나다 밴쿠버섬 내의 한 지역 이름. 키유컷(Kyuquot)도 '둥글게 모임' 또는 '우정'이란 의미의 마을 이름이다. 우리 두레마을과 비슷하나 싸움의 미학이 새롭다. 그들은 모든 아기들이 신의 선물이라 믿으며 가정 중심이고 평화 질서 협력 노래를 좋아하는 종족이다. 예전에는 음력 12월 21일이 이들의 세모, 악귀를 쫓는 의식으로 할머니나 연장자 여성이 휘이휘이 소리치며 나무막대를 휘젓고 집주위를 도는 풍습이 있었다고 한다.
고래잡이는 단순한 생업 이상이다. 고래를 상징하는 장승(토템)이 있고 고래사당도 있어 영적 의미와 결부된다.
시의 2번은 아들 장례식에서 모친이 읽은 자작시의 일부(필자 번역), 모친, 애인, 친구가 자작시 낭송을 하고 찬송가를 부르는 특이한 장례식이었다. 낭송된 시들은 PC로 출력 복사한 유인물에 담겨 있었는데 1부 받아와 읽어보니 아주 순수하였다.

겨울 갈대

1.

한 줄기 바람이 달려간다
움직이는 것은 모두 살아 있다
살아 있는 것은 모두 숨을 쉰다
새도 구름도 갯벌도 숨을 쉰다

겨울 갈대는 질투한다
해체된 전자회로처럼
정지된 시간 속에
지난 삶을
조각조각 산산이 풀어
갯벌 찬바람에 띄우고

하나의 세포,
한 방울의 눈물로 돌아가
흘러가는 구름을 질투한다

2.

해가 거의 지려고 한다
마지막 조명을 받고 있는 갯벌
무턱 넓고 거칠기만 하더니 이제 빛난다
삐죽 솟아오른 깃발이나 돛대 같은 건 없다
곧 캄캄해질 갯벌 진흙밭이니
물새들도 거의 날개를 접으려 한다

바닥 한 면만 본다
거품 찾기에 몰두한다
슬픈 갯살이 숨결 방울방울
옆걸음 하는 털게 녀석은 제법 바쁜 듯하고
지구는 저만치 도는데 여긴 한가롭다

보라! 땅에 끌려와 엎어진 조각배 한 척
몇 해 되었나
불룩한 배를 내놓고 모양새 없이
한 때는 먼바다 항해를 꿈꾸며 애태웠다.

뱃전에 말라붙은 흙이 바람에 달아나
늦석양 아래 지금은 알몸이다

왜 고기잡이를 그만두었을까
불러보는 비즈니스 사업보국事業報國,
넓고 강한 가슴은 그리운 옛말,
선부른 성형수술 자국에
수평선이 부끄럽다

궁금하다

입이나 귀가 궁금하면 그건 풀기 쉽다
무슨 궁금증이 이리 질기냐
뇌물시비 역적시비 지치게 갉아먹기
안 보고 안 들으면 속은 편하지만
왜 이리됐는지 그것만은 참 궁금하다

마법의 주문과 빗자루들이 날아다니는
마법의 나라 아니 마법사들의 나라
불량한 증오심의 나라
출세해서 남주나라
귀는 무얼 걸러내는 깔때기일까
해방의 종소리 백 번쯤 다시 울려라

물기 흐르는 불의 눈으로
미로迷路 행진하는 등줄기
소나기야 마구 때려라
동화책 읽어주던 할머니 할아버지
뭔 일로 길에 나와 온몸 젖었으니
하늘은 초음속인데 글썽이는 핏줄
십계명의 아홉 번째만 지켜도 될 일을
받침까지 꼭꼭 눌러 써라

자유의 셀카

또 선거철인가?
모두들 멋진 패션 표지모델들이다
나야 출마할 건 아니지만
셀카는 거짓말하지 않으니 좋아
미러 안경 끼고 팔뚝까지 부르르 찰칵,
나도 꽤 잘 생겼어

나르시시즘이라고?
신자유주의적 망상이라고? 그게 뭐지?
알지도 못하면서 너무 나간다
원고 안 보고 해야 좋은 연설이라는 둥
소통과 스킨십이 내용보다 중하다는 둥
너희가 나르시시즘이구나

팔뚝이 근지럽다.
엉터리 방송 안 듣는 자유!
구도를 골라 찰칵하는 자유!
주름진 얼굴에 흐뭇해할 자유!
내 걸어온 길과 행진에 감탄할 자유!

방랑자 1

동유럽 옛마을 지붕들은 잘 익은 연시감 색,
산성과 교회탑을
하늘 보듯 쳐다보며 익었을 거요
얼룩져도 정직하게 얼룩졌을 거요

성문 앞 보리수는 무성하고
방랑자(Wanderer)란 간판이 붙은
성벽 아래 카페에서 여정旅情을 푼다

슈베르트, 모차르트, 슈트라우스,
사랑곡 들맞추니
광장 안내판 지도가 한 마디 하네

당신네 나라만 방랑자로 남아있을 것인가

방랑자 2

방랑자여, 왜 쉬지 않고 떠도는가?
무엇을 찾기 위해?

흙먼지가 우주를 달린다
무서운 정적과 암흑 저 멀리
구름을 만나면 행운이겠지
아무리 짙은 구름이라도

빛나는 날개로 사뿐히 내리면
푸른 하늘이 머리 위에서 돌아나고
스튜어디스가 수줍게 웃어주겠지
가이드는 뛰다시피 앞장서 걸으며
"빨리 찍어요 빨리"

미안하지만 무엇을 찍으리까
꽃 바구니 하나,
우주를 달리며 마치 땅에서처럼
덥석 안을 수 있는 별 하나,

"찍었습니까?"

송년회

실내가 어두워 다행이다
조개 까며 주절주절, 건배!
덜 깬 눈이 머릿결 날리며
764 테이블로 다가온다
“아, 바로 너구나”
“선배님은 그때 무얼 하셨죠?”
어엇쭈 선배님이란다
이 놈들이 교수를 강제로 납치했지

표정 없는 행성 눈빛,
질려라
같이 늙어가는 우리 모두
지금은 고공비행 중
저 아래 까마득한 이르뜨이쉬 강줄기
구름 위 10킬로 상공
시속 2천 킬로
차디찬 겨울 강을 건너고 있어
방향 좀 틀어,
주사파가 뭐 하는 거냐?

촛불

아무 때나 끌 수 있고
어디든 옮겨놓을 수 있지
녹아내리는 통증의 기도,
6 · 25 때 촛불 켰듯
환한 전등을 켤 수 있게 기도했지
뭐더라, 잠자리비행기 혹은 쌕쌔기
날아와라 날아와
사이렌 부는 그동안만이라도
숨 쉬어보자

잊고 살아온 원시의 캠프파이어
흥분되는 生뉴스 대개는 거짓말
굽은 등판 긁어주는 웅성거림
정말이냐 태울만큼 목마르냐
흔들릴 만큼 그립냐
약한 빛 가벼운 몸에
염원은 크고 눈물은 진하니
고갈枯渴과 잔해殘骸 대신
향기 남겨라 빛이여

고통의 순간들이 모여 돌이 되니
움켜잡은 돌가루를 공중에 뿌려라
날씨 거리 각도 딱 맞춰 기다리도다
찬란하냐?
높은 능선의 풀잎은 시들어가도
속눈썹 긴 그림자 슬퍼
어두운 밤 산짐승 뒤척인다
마주 오는 바람결 애써 피하며
침실 커튼 펄럭이는 꿈 꾸었도다

본래는 영원한 생명을 품은 빛
잠시라도 통과시키면 잘하였도다

조전 손전祖傳 孫傳

아버지의 할머니의 할아버지,
어머니의 할아버지의 할머니는
어떤 분이었을까
어떻게 생긴 분이었을까

재롱 만발한 손자 얼굴은
샛별 같은 눈동자 입가의 보조개
어른을 어르고 달래기도 하는
저 능청까지 수십 년이 순간이다

거울 속 내 얼굴은 갈수록 허술하지만
너털웃음 날리고 휘적휘적 걸으련다
임진, 정유, 병자년 기막힌 난리에도
표표히 떠가는 구름 보며
내일은 다르리라
수없이 달래고 능치셨으리

빗방울 통계학

빗방울이라고 다 같은 빗방울인가
어떤 것은 지붕 틈새로 들어와
벽에 얼룩 그림을 그리고
어떤 것은 하수관에서 귀뚜라미 소리
어떤 것은 양동이에 고여 꽃밭으로 간다

창문 여는 얼굴에 들이쳐 달라붙는
너의 빗방울은 그저 몇 가닥
그게 다냐?
국토의 8할이
산과 들과 강 호수 아닌가
주류主流는 심지 곧고 힘차
맑은 시내를 꿈꾸며 꿈대로 흘러간다

궁금할 건 없다 엉터리 통계야
도시엔 구정물 역류도 많지만
묵묵히 제 길 가는 자 누구냐?
심지 곧고 힘찬 주류主流는
너의 옷깃에 스치지도 않았다

이베리아 기행

어떤 바다가 예쁘냐
깊은 속이야 해양학자도 머리 저을 터
그 표면은 잔잔한 물결로 덮여 있고
한두 길 얕은 속까지는 꽤 투명하여
내게 반짝이는 따듯한 바다

어떤 대지大地가 예쁘냐
함부로 파헤치지 않아
온통 나무와 풀로 향기 나는 대지
나무들은 11월에도
마른 잎 하나까지 애써 붙잡으며
나신裸身을 가린다

정말 겉보다 속이 중요한가?
속을 어떻게 파헤쳐 증명하지?
그래서 머리통을 쪼개려 하는가?
예쁘게 덮어라 미욱한 철학자들아
겉이 미우면 속도 미워지리

리스본에서 바르셀로나까지
이베리아 사람들은 돌조각 다듬어
골목마다 촘촘히 바닥을 수놓고
꽃으로 분수로 조각상으로
한껏 꾸며서 자손대대 물려주었다

임진강

작은 새 찌르레기도 하늘을 품어
요산요수樂山樂水 의연하다
후미진 물가 잠자리 떼는 갈대에 코 박고
떠오르는 거품 방울방울, 숨이 차다
황해도 여울물아, 한탄강아, 힘을 내!
뒤에서 곁에서 임진강 좀 밀어줘라
한강과 서해를 좀더 쉽게 만나도록

흘러간 물은 소문을 전해주지 못한다
멀지 않은 곳, 뒤집힌 돛단배 떠있거늘
아무것도 모르는구나 너는
지구촌이라 하거늘 모르는구나 너는
낯가리기 심해 물길도 섞지 않는구나
강둑에 앉아 가슴 졸이던 조부모,
세계인의 자유 민주여!
번개 치는 단번의 언덕으로 가자, 가자,

감악산 올라 흠뻑 젖은 셔츠를 쥐어짠다
이제라도 짠맛 좀 흘려보낼까
이제라도 플래시 스위시를 배워

춤추는 돈움체로 유혹을 해볼까
이제라도 연어 치어를 키워 풀어놓을까
대해의 큰 뜀박질로 물길 뒤섞여라

도시의 폭포

파블로프의 개는 종소리에 침을 흘렸지
전화 소리, 차 소리, 심지어
컹컹 짖는 제 소리에도 침을 흘렸어
제 소리에 침 흘리는 폭포가 되었어

휴대폰을 언제나 켜 들고 다니는
전천후의 조건반사
벼랑 끝 연습을 평생 한다는 거야
도시에선
넘겨야 할 서류들 쉴 새 없고
사면팔방 목 타는 풀잎 시선 따가워

제 소리에 갈래갈래 펑-펑-
끝없이 침 흘리는 거야
버선발로 달려가
물안개로 덮고 무지개 걸어라
선녀가 멱 감았다는 전설처럼

모기의 행군기

짊어진 소총은 무겁지만
절륜의 디오니소스는 몰래 다가간다
솔솔 부는 달밤 사람들은 제풀에 놀라
자기 뺨을 제 손으로 때린다
박자는 늦지만
참회라면 참회
이런 소리 들어 자존심 상하니?
밤을 꼬박 새워 야간행군을 해봤니?
기진맥진 새벽 안개에 날개 닦으며
잠시 눈 붙이고 또 낮 출동이다
폭염이 긁어대는 고지 6부 능선에서
결국 각개전투 돌격 중에 기절을 했네

~핑 징징 징징, 뚝!
매미 소리로 다가오는 진실의 순간†
엎어진 자세로 푹 찔렀지
붉은 피가 솟구쳤지
껍질 얇고 속 진국이라는 무등산 수박
속살속살은 온통 무방비였네
밤의 향연과 도취는 그리스 신화일 뿐
모기들은 오늘밤도 전투편대를 짰다.

† Moment of Truth= 투우사에게 오는 마지막 찬스

비상계엄령

언제부턴가
밀폐용기가 하나둘 없어지기 시작했다.
오이지 무생채 봄나물을 딸네 집에 담아 가더니
이번엔 카레, 멸치볶음, 통마늘장아찌를
혼자 사는 아들집에 전해주고 오란다
마늘이라면 코를 막는 녀석인데
빨주노초파 각색 밀폐용기가 너무 예뻐서
말없이 받는다

열린사회가 좋다지만
이제 우리집엔 입 헤픈 그릇들만 남아
냄새 진동하고
먹던 대로 지퍼백에 넣기 일쑤,
아무래도 만지기 징그럽고 무질서하여
냉장고 안은 로마제국 말기의 혼란 같다.

그릇들의 민족대이동을 한탄하던 황제가
결국 비상계엄을 선포했다.
길에서 음식 든 밀폐용기를 지참하면
노인은 벌금형, 반대로 청년은 상금
남학생도 요리실습, 분리배출, 묵언수행법을
필수과목으로 배워야 한단다.

자디잔 정은 많다

콩코드 강†은 언제나 유유히 흘러
헨리 소로우의 두툼한 책 한 권
삶과 철학과 사색思索이 되었다
부럽구나 우리 강들은
실개천인들 조용할 수 있을까

잔정 많아
소한이 손등 터지게 춥고
예방보다 검시관檢屍官 출세
자칭 언론, 투사, 멋쟁이 문화계
정간물이 수천 종이요
매년 천만 권을 훨씬 넘게 찍는 나라

하늘을 나는 새들의 무늬를 보라
vmv vmv
비전, 미션, 가치(value)
아, 새들의 날갯짓은 엠브이 제곱
힘 없는 자여
잔정 많아 뒤척이며 잠못드는 자여
강물을 돌려 사죄해야겠다

† 헨리 데이비드 소로우 저, 《소로우의 강》(갈라파고스, 2012)에 나오는 강

익명 놀이

'모야모 앱' 에 꽃사진을 보내 이름을 물으면
가령 "맥문동"이란 대답이 금방 오지만
우린 "맥문동 OOO(아무개)"란 답이 필요하다
사람을 "이 인간 저 인간"으로 부를 수 있나

무명용사 묘의 무명과 인터넷의 익명은 달라,
제일 아름다운 것은 무명의 선행자
제일 무서운 것은 익명의 거짓 그림자

이름 모를 해커, 비웃는 패로디, 패스티쉬,
꼴라쥬 포스터, 이름 모를 만국기 날리고
이름 모를 비행기, 이름 모를 새 한 마리,
이름 모를 방송

예술가 문인들은 이름에 더하여
아호雅號까지 쓴다
하룻밤 사랑에선 이름도 묻지 않는다지
우린 천년을 사랑하니까, 전사戰士여,
익명의 고지에 핀 독버섯을 잘라내라
아이들이 모르고 먹을까 두렵다

계율

천정 향해 똑바로 누워서 잠자기
수직으로 앉아 흘리지 않고 먹기
15도 이상 고개 돌리지 않기
술 · 담배 · 여자 3금禁에
명예규정까지
모든 계율이 풀리는 D-100일
우린 전체가 모여 한 잔 했지
품격의 춤을 추었지
사랑이란 새 계율에 뛰어들어
서약하기 바쁜 사람도 있었네

스스로 만든 이런저런 계율들까지
거의 다 지나가는 한겨울 이 때,
남은 계율은 무엇일까?
해산 구령은 다 모인 다음 비로소
가능하다는 것
졸업앨범 체취는 아직도 선명한데
언제 다시 달라진 낯을 익히겠니
헤어지긴 영 틀렸지
그 이상의 계율을 들먹이진 말자
임관 80주년 104세까지 10488234

싱거운 사람, 브라운 백?

일부러 염도 낮은 간장을 찾는 이도 많아요
진한 맛이란 별게 아니지
싱거운 아메리칸들은 수수하니 좋다
아침은 좀 남게 차려서
먹고 남은 걸 누런 봉투에 툭 집어넣으면
점심 도시락 완성!

싱거운 봉투들이 서랍에서 고개 내밀며
끄덕거려요, 점심시간 맞지?
가림막이나 출입문을 닫아놓으면 혼밥이지
열어놓으면 아무나 함께 하자는 메시지
브라운 백(brown bag) 미팅이 있는 날은
지위 상관없이 봉투 들고 모여 이심전심
정수기와 커피머신을 차례로 돌리니
이 얼마나 싱거운 편리함인가

점심은 진심心의 도시락을 여는 일
잘 먹어야 하는가
구겨지기 쉬운 부석부석한 인생
소탈하고 정 깊으면 살만한 거라
삼겹살 구우랴 상 차리랴 설거지하랴
이런, 깜빡 잊고 혁革대 없는 바지로
밖에 나왔으니 또 싱거운 사람 되었네

제3부

사는 재미

꼭 그렇진 않을 거야

버스든 지하철이든 기다릴 때면
건너편 반대방향 차가 먼저 오니
약이 오르지만
꼭 그렇진 않을 거야

아기 코끼리와 엄마 코끼리가 합창하듯
"내 코가 석 자라니
우린 그 말에 상처받는다구요."
그리 말하지만
꼭 그렇진 않을 거야

긴 코로 뚜벅뚜벅 발 딛은 곳마다
풀들은 몸 추스르기 바쁘지
통나무 다리 휘청거리고
상처란 말에 상처 받는 마음
어찌할까
하지만 꼭 그렇진 않을 거야

밸런타인 데이

초콜릿 가게에선
눈에 단 내가 나도록 구경만 합니다
꽃집 지날 때도
몸에 향기가 배도록 구경만 합니다

고운 사람 미운 사람 떠올리지 말고
김장하듯 꾹 담아두었다가
포기 포기 꺼내 들고 달려가는 날
그 날이 와요 내게도 오구말구요

샘!(선생님)

아이들 시험 답안지는
보면 금방 알 수 있어요.

허기진 글자, 하품하는 글자
부상당한 글자, 취한 듯 비틀대는 글자
망망대해에 표류하는 글자
짝꿍 잃고도 그걸 모르는 글자,

샘, 어쩌면 좋아요?
성적은 행복 순으로 부탁합니다.

이름

받은 손수건이 많이 낡았어
이름이 가물거린다

별들은 이름과 상관없이
저리 맑은데

'한손물구나무서기' 였던가
'산새떠난바보숲' 이었던가

파일 이름을 몰라
그리움의 기본공정이
망가졌을 뿐

글라디올러스

셰익스피어 선생,
어느 것을 택하리까
오해, 질투, 절망 중에서
잡힐 듯 잡힐 듯 잡히지 않는
편지 한번 써 보고 싶은데

머리와 가슴을 번갈아 때리고
꽃과 줄기 잎을 뒤섞어 쥐어짜며
몸을 일으킨 오, 글라디올러스

안개 걷히면 확 잡히겠지요
호흡들이 새털처럼 떠다니는 해협,
배달은 안 되어도 좋습니다

자기그릇

궁금해 하지 않는 사랑은
자기그릇
쓰레기 장수도 안 집어간다

흠 있다고 버릴 게 아니라

밥과 국은 반 그릇, 가볍게
찻잔은 가득,
불가마 거친
불굴의 중후重厚로
체온 업(up)!

온실

진땀 방울 방울
가위눌린 밤,
밝은 나방의 날갯짓

온실의 파초와 동백이
가시 털어낸 장미에게
파란 실눈을 보낸다

반짝인다고 다 별은 아니지
예쁜 옷 예쁜 말만
골라서 하나
아마추어 빼꾸기야
노래를 키워라

독백

–땅–
과거를 뜯어내 땅에 굴리는구나
나무토막, 바위, 혹은 조각상彫刻像,
그렇다면 팔 닿는 현재는 어디 있는가
혈관 솟고 호흡 연이어
바람, 구름, 낙엽, 희망 함께
뜰 안에 들어와 앉아라
찰나의 시간들에 입맞춤하자

–바다–
멀리 보면 접시의 물
가까이는 천둥, 키 넘는 파도,

산보다 큰 동굴이 가슴에 있어
징으로 새긴 숨찬 이름,
인자仁慈는 깊이 새겨지지
기억들은
인어人魚, 요정妖精,
변신의 수초水草,
깨어 있는 서로를 만나보리라

봉선화

누나들 틈에 자란
봉선화는 담 밑에서 꺼떡대다가도
아무 때나 발갛게 낯을 붉힌다

내 발톱에 물들여주고 킥킥 웃었다
내가 울어도 겁내지 않고 놀려댔다
넌 남자야 남자,
놀려대는 건 똑같은데

이제 누나들은 휘파람 불기를 잊었고
자라버린 내 발가락
너무 밉상이다

꽃샘바람

매년 같은 데 돋아나는 꽃잎을
왜 못 알아보는 것일까
깊은 숲길에서
갑자기 몸 감추는
짓궂은 게임을 하자는 것인가

이슬방울 흘러
사라지는 그
순간의 진심을 적시에 알기란
얼마나 어려운 일인가

햇살은 멀쩡하였으나
한 가지만 빼면
청명한 나들이일 듯도 하였으나

거미줄

비 오는 날 몽산포에 왔다네
그물 하나 들고
허술한 여관에서 서성대고 있네
물안개 자욱하더니
끝물은 반짝반짝 빛이 나더군

눈높이에서 누굴 저울질하고 있나
기척도 없는 조용한 시간
그마저 문득 멈춘 아주 가까이
낮은 숨소리 옷자락 스치는 소리
마주 보는 시간은 순간일 것이네

해변 2

창세부터 쉴 새 없이 플라멩코 춤을 춘다
모래알 위로 밤안개 전설이 내려
바싹 다가앉고
모래 입술은 촉촉하다
가려진 별 하늘
잠시 눈을 감으라 한다
잠이 들 것 같다

해변 3

희끄무레 밝아오는 바다 안개 속에
한 거대한 선체를 만나
내 작은 고깃배는 멈추어 섰다

내 배도 제법 크고 단단하다 자부했으나
파도와 신기루를 이겨낸 역전의 가슴,
저려온다
점점이 떠있는 섬들은 나를 비웃고
물고기조차 손가락질하니
차라리 침몰하자

그러다가 파도에 밀려 한 간 거리로
다가갔다 우렁찬 소리가 들렸다
"아름다운 배야!
육지에 바짝 다가설 수 있는 백조야!
지금 나를 도와줄 수 있겠는가?"

"무슨 말씀인지요, 거대한 전능의 몸체로
내게 무엇을 원한단 말입니까?"

도배

까마득한 날 실크 꽃무늬 아씨가 방에 들어와
이 집에서 살겠다고 당당히 말할 때
가구들은 부끄러워 달아나려 했지만
아씨는 벽에 딱 붙어서며
꼼짝 말라, 새 세상이다,

하여 그 작은 방에서
아이는 벽마다 크레용 낙서를 해댔고
천정에 상영되는 바캉스 해변의 꿈
영상뉴스 영화까지 밤마다
나란히 누워 구경 잘했다

벽지 이음새엔 귀코눈이 다 있어
기쁜 숨소리 너털웃음과 라면 냄새는
위로 올라가 천정에 엉겨붙고
긴 장마 습기와 한숨 눈물 같은 것은
바닥과 네 벽이 냉큼 받아 적더라네

그리하여 검버섯 성에자국 지린 자국
아, 이젠 꽃무늬도 희미하나
도배사 아저씨! 너무 북북 뜯지 마소
너무 찰싹 붙여 누르지도 마소
역사의 현장이니 달아날 것 같습니다

탁족濯足

청계산 오르는 길에
발 담그고 두런두런

어느 발이 누구 발인지
물 속의 발들이 모두 닮았다

처음 두 발로 일어설 땐
온 식구가 손뼉 치지만
얼음판 세상 수없이 뒤집는
피겨 동작에 흉도 많이 잡혔다

청계수 뚝뚝 흘리며 발을 건져
따듯한 돌에 잠시 말려보세

보라, 천사와 요정들
모든 나는 것들은
날개 때문에 나는 게 아니다

머물면 떠나려니
떠나면 다시 와 머물려니
아롱아롱 냇물도 가벼이 발 딛는다

전시회가 열리는 카페

일년 내 가물었던가요
능동 로데오거리는 우산 물결
거기 한 카페에서
예쁜 그림들이 수줍게 조명 받는
전시회가 열리고 있다던가요

공간은 좁을수록 좋지
낭만의 대학가
카페 손님들이 거의 그리하듯
그림들도 바싹 다가앉아
소곤거리고 있다던가요

따듯한 색을 어디 섞어넣을까
어린이 없는 대공원
찬 비 내려도
공연장에 틈틈이 스며들며
희망의 말을 섞었다던가요

한 해의 수고와 진심 어린 색채로
단풍 든 나무들도
말을 했다던가요

폭염暴炎

고치를 털고 나온
가벼운 방랑자에게
칠팔월 폭염은 큰 축복이다

움직일 때마다 망각의 약수가 흘러
몽롱하다 무슨 소릴 하는지
들풀은 평생의 열기로 합창하고
한 철 정염이 온 세상 가득하다

잠깐의 동거
숨찬 알몸으로 제법 당당하게
찰싹찰싹
등판을 때리긴 잘하지만
샤워꼭지는 내려 놓아라

시원한 끝물일랑
악보에 흩뿌려라
상아건반의 반주 소리
하늘을 난다

그게 무섭다

바람은 솔솔 불 때가 좋다
약하다는 게 부끄러운 일은 아니다
한 끼 터지게 먹는 잔치상보다
내 하루 갉아먹는 뽕잎이 무섭다

스카이라인은 하늘 가장자리를 갉고
옥탑방 고양이는 낮잠 흐드러졌다
거친 땅이 사라진 강남의 태평
그게 무섭다

실없이 날아온 이메일 수십 통을
싹둑싹둑 하면서 보니
내 머리카락 눈썹, 아직 남아 있고
열정과 잔소리도 아직 남아 있다
약한 듯 남아 있는 그게 무섭다

귀뚜라미

어머니가 이마를 짚으시며 윙윙
소리가 난다 하실 때
"지구가 도는 소리일 꺼예요"
아들 재치랍시고 한 마디 했지
얼씨구 이젠 내 귀에도 들린다

두툼한 솜이불로 바꿔 덮을 때쯤
내 침실의 고요를 누가 깨트리는가

온몸으로 켜는 연주
평생 들어왔던 모든 속삭임들
지난날 내 모든 발성의 수집창고
그리고, 그리고
홀로 겪은 고요의 소리들

자정子正 지나면 모두 둥지로 가서
무수히 조아림으로 영원을 잡자
발끝으로 걷는 고양이처럼
꿈은 얼굴을 매만지는 것

반짝일 만큼 자라지 못한
눈물 방울은 그저 축축한 잉크
그것으로 소리를 써 내려 간다

새싹 잔치

나는 끼어 앉아 웃기만 한다
햇빛 눈부시고 바람 훈훈하고
천하장사 기개를 언제 또 겨뤄보겠니
방금 땅에서 솟아올랐지
아직은 키가 작아 흔들리지 않고
감히 햇빛과 바람을 듬뿍 먹어댄다

여기가 내 자리, 흉 되겠나?
오랜 칠흑 작은 틈새를 찾아
간신히 마디를 찢었지 바로 여기
이 자리 지켜내라 물처럼 흘러가지 말고

잊었던 웅성거림, 원시의 캠프 파이어가 그립다
잔소리 말고 밥이나 먹자구?
메뉴는 겨우 서너 가지
걸신들린 듯 앞접시에 담아
말끔히 먹어치우고
이야기는 오래오래 남겨둡시다

박하사탕

감기를 잘 앓는 아이
어머니는 물수건을 머리에 대주고
정성의 쓴 잔을 손에 쥐어준다
아이가 싫다고 흔들면,
하얀 박하사탕 한 개
"눈 질끈 감고 단숨에 마셔라."

앓다가 잠 깨니 머리가 가볍고
깔깔하던 입안이 부드러워져
다들 자는 집안을 둘러본다
앓고 나서 키가 커졌다. 어른처럼
뒷짐 지고 동네를 한 바퀴 돈다
달라 보이는 땅, 그 위로 동이 터오면
환한 박하사탕 구름이 앞치마 편다

아이는 어른이 돼서도 갖가지 치레,
눈 질끈 감고 단숨에 마셔라, 쳇
이번 일은 정말 써요 쓰단 말예요
어른이 돼서도 그냥 어릴 텐가
그래도 넘어가니 다행이구나

[패러디 시]

나와 나타샤와 흰 냉장고

1주일에 한 번 슈퍼에 간다
혼쇼는 혼자 하는 쇼핑
잔뜩 싸들고 곧바로 집에 와 냉장고에 넣는다

늙은 내가
아름다운 나타샤를 사랑해서
밖은 미세먼지 짙다

집에서 조용히 혼밥 후 속죄하듯 커피를 마신다
늙은 내가 무슨 사랑 타령? 시를 읽는다
젊은 시인 백석의 멋이구나
〈나와 나타샤와 흰 당나귀〉라니

늙은 내가
아름다운 나타샤를 사랑하는 탓에
세월은 점점 빨리 흘러간다

눈이 푹푹 쌓이는 전화도 없는 산골 가서 살자
더러운 세상, 걸어놓은 태극기 보기 민망스러운데
응앙응앙 좋아서 우는 당나귀 종장終章 그런 건

도저히 설정할 수 없어
쓰다 지우고 또 쓰다 지운다
비 온 뒤 하늘 맑은 오늘도 미세먼지가 심하다니
다른 날보다 더 사랑을 하는가 예끼,

흰 냉장고에서 내 입까지는 지척이 백리
나타샤와의 거리로다
눈 질끈 감고 스무 번 먹으면 또 혼쇼 가는 날,
예쁜 판매원들이 응원가를 불러준다
보아라 용사!
나는 신이 나서 카드를 꺼낸다

상차리기 먹기 치우기할 때 외엔
내 마가리는 깨끗하고 머리는 비어 있다
맘씨 좋은 냉장고야 너도
당나귀 울음을 배워라

나오지 마

주민등록증이 없어진 걸 알고 나니
쓸 일이 연달아 생긴다
모서리가 헤진 너를
손가락 헤지게 찾는다
"나와라 나와"

며칠 동안 입술 트고 눈도 충혈되었어
이러다 병 되겠다 싶어
동사무소에 가서 분실신고를 하고
재발급 받아왔지
그걸로 그만일 텐데

심심하면 또 찾는다. 이번엔
"나오지 마, 나오지 마"
중얼대면서 구석구석 설합 옷장
만져지지 않는 호주머니까지

버릇은 아니다 병도 아니다
오래전에 어이없이 분실한
그 무엇 때문

색약色弱

엘리베이터는 빨간 숫자를 향해 달리고
차들은 파란 신호를 뚫으며 달리지만
행복은 무슨 색이지?
태어날 때 처음 본 색은 무엇이었지?

그래도 잘 달려와
나는 공사장 바닥에 털썩 앉았다
두툼한 샘플 책자를 뒤적뒤적 한다
까치가 왔구나
알껍질 색? 혹은 둥지 색?
여하튼 방문을 해달면
아무 때나 힘차게 열고 들어가
달콤한 말로 채워야 해

푸른 하늘 오색 구름에 대하여
맑은 눈 영원한 별들에 대하여
말과 노래로 덧칠을 해야 해

단색單色의 관성慣性은 두렵다
색을 바꾸는 가을이 다시 오면
쉽고 예쁜 노래들만 골라서
마당에 나가 연이어 불러봐야 해

진화론

돌이 흙 되고 흙이 뚝배기 된다
그렇다면 내 진화는 무엇일까
세포들이 내 진땀을 닦아주며
야단치겠지
묻지도 않고 마구
나를 데리고 다니겠지
웬 카페,
의자에 앉은 단발머리 세포가
빨대를 살짝 깨문 입술로 온도를 재더니
크림을 핥아 먹는 폼이 무척 섹시하다
"이래도 안 웃니? 세포만도 못한 놈아!"

어느덧 나는 매일 이렇게 인사를 한다
거울에 비친 내 얼굴을 보며,
"아이구 첨 뵙습니다"
하늘을 쳐다보며,
"별님들, 오래간만입니다"

젠장, TV SNS도 가관이다
잡담 유머들은 미끄러운 물고기

세계의 절경과 좋은 말들이 판을 잡는다
정情은 실개천, 사랑은 폭포?
깊은 강 같다는 사람도 있던데
실개천이 강이 되고 폭포가 된다는 것인데
진화를 위해 나는 무엇을 할까

개천은 말랐고 폭포는 자국도 없다
껑충 뛰면 시원한 여울이 될 거라지만
이 점프력으로?
유전자에 관한 책을 더 읽기 위해
좋은 병원 골라서 입원이나 해버릴까?

* Richard Dawkins 저,
① 이기적 유전자(을유, 2010.)
② 만들어진 신(김영사, 2007.)을 읽고 나서

유리성 공간이동

어디로 가고 있는지 어디쯤 왔는지
앞뒤를 다 보고 싶을 땐
유리성으로 가 대문을 열자
첫 발은 건물 안 유리 로비,
둘째 문을 지나면 유리벽 복도, 연회실,
카페 안 주문창구도 유리로 되어
내 안경까지 합치면 5중 창!

보이는 대로 믿을 수밖에
바깥의 분수대는 지금이 한창 대낮,
로비는 파티 뒷처리가 분주한 저녁,
카페 안은 무드 촛불 은은한 밤중,
너는 손거울을 열심히 본다.

거울만 잘 봐도 아는 세상일까!
아니지, 아니지,
특히 어려운 건 각도, 조명, 역광,
위아래 보기, 노출,

절대 보이는 대로 읽으면 안 된다
해리 포터에게 물어보거나
눈동자만 봐야지
유리벽들은 각도가 제각각이고
흐리게 뒤엉켜 십중팔구
사람이 흔들리고
누군가는 이른 봄 아기,
어딘가는 가을,
바라건대 나는 한여름, 공간이동 중

이끼

옷이 맞나요? 마음에 드시나요?
바람이 허공 한숨을 쉴 때
나무기둥 바위에 옷 입히는 이여
강한 자도 허한 곳은 있으니
가려주는 너는 음지의 귀족,

또독 딱딱 뒷축 울리는
재건 데이트로 임을 만나
비바람 우산 속에 처음 손을 잡고
잠깐 햇살에 입맞춤은 그저
떠올릴 뿐인 느려터진 사랑,
강한 자도 허한 곳은 있으니

차양 깊은 곳에 수줍음 수놓고
한 끼 한 잔 살 수 있는 주머니와
눈썹 젖는 만큼만 운신을 한다
아무데나 끼어들지 않아도
골짜기 낮게 일제히 엎드린다

눈은 녹을 때도 아름답다

속죄의 의식인가
하얗게 바꾼 눈
녹을 때도 아름답다

포장도로가 거친 숲길로 바뀌고
능숙한 도시인이 서툰 나그네로 바뀌고
휴대폰에 대고 소리치며 가던 사람들도
발끝만 보며 더듬더듬 간다

미끄럽고 질척거리는 바닥
그 새 아주 달라질 리야 없겠지만
사람들은 잠시 단순으로 돌아갔다

녹지 않은 곳만 골라 딛는 사람
일부러 미끄럼 타며 가는 사람
갖가지로 서툴게 오, 새 길,
진정 새 길을 걷는 것인가,
새벽처럼 어디든 신선하지 않더냐
다른 체감온도가 신기하지 않으냐

빨랫줄지기

재개발 후 스카이라인은 불쑥 높아졌고
하늘 위쪽 바람은 워낙 거세고
태양은 늦잠에 퇴근까지 빨라져
빨랫줄과 가로등이 더욱 바쁘다

빨랫줄지기는 집게를 가지고 다닌다
꼬집는 게 아니라 잡아주는 북마크처럼
스카이라인 여기저기 비행경고등들도
흔들리는 마음 잡아주는 집게,
도시의 별이다

빨랫줄은 벗어날 수 없는 필연 한 줄,
거기에 안 보이는 우연 서너 줄,
바람 습도 온도 물가 인심의 미세한 변화
어쩌겠는가
각색 내복이 젖은 몸을 서로 껴안기도 하니
그 또한 어쩌겠는가
모두 분실 없이 영광스런 기화氣化의
전설로 피어올라야지

질긴 승부사는 긴 장대 들고 줄을 탄다
타다가 기우뚱하면 허리춤에 집게를 꼽고
쉬면서 시를 쓴다. 바람과 균형에 관하여
그래, 쉬는 게 남지 실사필름이라도

공터의 추억

정원박람회장 조경에 감탄하다가
팻말 푹 박아놓은 공터를 발견했어요
손길이 모자랐다는 뜻일 텐데
아무도 쳐다보지 않는 곳
엿장수, 잠자리, 메뚜기들이
'빌 空' 자에 펄쩍 놀라 도망치는 곳

이럴 때 하늘은 자비심이 넘쳐요
30달러 시대의 그리움까지 몰려와
솜털 구름 타고
얼얼한 다리를 쉬며 따라왔어요

실개천 서너 개가 손가락처럼 갈라져
여기저기 졸졸 흐르는 동네였어요
손으로 참새 잡으러 다니고
삐걱대는 담장에서 밖을 내다보고
몇 아이는 냇가에 털썩 앉아
양손 열 손가락 흐르는 시간을
만지작거렸어요

시간이 더 잘게 나누어지더니
명절엔 콩가루 쌀가루로 내려왔어요
새들은 울퉁불퉁한 바닥 미로에서
집어 먹느라 정신 없지만
우린 별을 쳐다보는 재미가 생겼어요
냇물의 출발 지점이 궁금해졌어요
산꼭대기 공터엔 치마 저고리들이
달처럼 커지다 작아지다 했어요
고소한 냄새도 진하다 말다 했어요

냇물은 때로 얼기도 하고
어떨 땐 바싹 말라 심심했지만
비 한번 오면 콸콸 흘러 넘쳤어요
빌 空 자에 놀랄 일은 아니었어요

산막이길

사람이 가는 길을
산이 막다니
끝까지 가보면 알게 되겠지

살다보면 막힐 때도 있겠지
무작정 떠나기 전에
상세 지도를 챙겨 두었어야 했네

강물은 자로 잰 듯 꾸벅꾸벅
앞날을 다 아는데
사람은 가며 오며 사진 찍기 바빠
포토 존(Photo Zone)은
독차지할 수 없는 아랫목

반들반들
따끈따끈
돌아가며 앉는 머슴방이 아쉽다

시인 자술서

꿋꿋한 느티나무는 길목의 주인,
명창수련 젊은이는 폭포의 주인,
아기는 부드러운 엄마품의 주인,
누구나 한 때
세상을 다 가진 자였구나

가진 자로 힘껏 누리게 하라
부족하지만
내 음성은 언제나 내 것
내 왕발 신발도 나만의 것
마음껏 신고 다니게 하라

자유시인은 암묵지식의 원본이니
바람, 구름, 꽃, 일월성신日月星辰
혹은 시 작법詩作法을 빙자하여
억지로 물 붓지 말라
맞지 않는 것과 젖은 것은
끌고 다닐 수 없다

암묵지식(tacit knowledge): 문서화 공식화 하기 어려운 특정 체험 · 사색 관련 깨달음/노하우/느낌 등
원본(original): 복사본이 아닌, 귀중한 첫 진본

거친 봄비

봄비라고 항상 얌전해야 할까
사랑이라고 항상 포근해야 할까
옷깃이나 적시는 봄비는 가라

머리를 쥐어뜯는 폭풍의 언덕
그 또한 사랑,
마음 가는 대로 흐르지 못해도
그 또한 지표수,

구름자락 펴며 몸부림하라
힘차게 뚫어라
메마른 생각 아주 사라지게
한 번 더 부둥켜 안아보게

아주 다른 세상을 볼 수 있게

그리움

가을에 만나 겨울에 헤어진
작은 호숫가 교회와 셋방
조개탄 난로에 둘러서서 손 녹이던
청춘의 무늬는 지워지고
온기만 재저장되어 있다

싸리골엔 무슨 꽃이 피어 있을까
아가씨들이 박수 쳐주던
목교木橋 신축 공사장은
이제 난간만 희미하니, 그리움아
파일열기와 재저장만 할 줄 알면 다냐?

그리움이 낯설어지면
계절처럼 매번 다시
낯설어 한 달, 정들어 석 달
모퉁이를 휙 돌아 떠나는
그리움의 뒷모습은
분칠한 몸

그리워질까 그게 두려워
얼굴 없이 머뭇머뭇 떠나는 거다

겨울잠

겨울잠은
혹독한 추위 속에서
눈 빛 세상 한 가지만 보는 것

각진 꽃무늬 백설의
디자인을 다듬고
대량생산 공정에 몰두하는 것

입술 델 만큼 뜨거운
빙판 거울을 자주 보며
따듯한 마음을 만드는 것

세상이 다 보이는 높은 곳에서
호쾌하게 휘휘 둘러보다가
한 장의 그림 액자 속으로
훨훨 날아 들어가는 것

모든 따듯한 것들은
빙하기에 만들어졌다네

맘마미아

"암만 일찍 왔어도 번호대로 차례가 와요"
곱상한 부인이 자기 번호표를 보여준다
영화관 입구에서 표를 살 줄도 모르다니
엄마를 만나야 하는데

영화 속 엄마는 훨씬 앞장서 간다
아빠 역들은 다만 눈치로 따라가고
스토리도 가볍게 따라가는 것일 뿐,
엄마 외에는 절대 주인공이 될 수 없다
슬픔, 아픔, 오해, 자존심, 고뇌,
결투, 권선징악 같은 건 보이지 않으니
제 아무리 셰익스피어라도 별 수 없지

아빠(ABBA)가 엄마 노래를 부른다
잎 넓은 파초의 스윙과 신코페이션,
소나무의 즉흥연주, 소나기의 스타카토,
섬들은 시리즈 연주에 능통하고
바다와 육지가 뻔뻔하게 정을 통하니
애기 거북이들은 바다로 힘껏 기어가고
인어人魚들은 뭍으로 와르르 올라와
신나는 율동으로 장식해주는 맘마미아!

계간문예시인선 129

이재관 시집_ 슬쩍 남기는 내 흔적

초판 인쇄 | 2018년 3월 15일

초판 발행 | 2018년 3월 20일

—

지 은 이 | 이재관

회　　장 | 서정환

발 행 인 | 정종명

편집주간 | 차윤옥

—

펴낸곳 | 도서출판 계간문예

편집부 | 03132 서울 종로구 삼일대로 30길 21 종로오피스텔 808호

주소 | 03132 서울 종로구 삼일대로 32길 36 운현신화타워 305호

전화 | 02-3675-5633, 070-8806-4052

팩스 | 02-766-4052

이메일 | munin5633@naver.com

등록 | 2005년 3월 9일 제300-2005-34호

ISBN 978-89-6554-177-6 04810

ISBN 978-89-6554-118-9 (세트)

—

값 10,000원

—

이 도서의 국립중앙도서관 출판예정도서목록(CIP)은 서지정보유통지원시스템 홈페이지(http://seoji.nl.go.kr)와 국가자료공동목록시스템(http://www.nl.go.kr/kolisnet)에서 이용하실 수 있습니다. (CIP제어번호: CIP2018006219)